Benoit Planchenault

"Elève agité" et posture enseignante

Benoit Planchenault

"Elève agité" et posture enseignante

Éditions universitaires européennes

**Impressum / Mentions légales**
Bibliografische Information der Deutschen Nationalbibliothek: Die Deutsche Nationalbibliothek verzeichnet diese Publikation in der Deutschen Nationalbibliografie; detaillierte bibliografische Daten sind im Internet über http://dnb.d-nb.de abrufbar.

Alle in diesem Buch genannten Marken und Produktnamen unterliegen warenzeichen-, marken- oder patentrechtlichem Schutz bzw. sind Warenzeichen oder eingetragene Warenzeichen der jeweiligen Inhaber. Die Wiedergabe von Marken, Produktnamen, Gebrauchsnamen, Handelsnamen, Warenbezeichnungen u.s.w. in diesem Werk berechtigt auch ohne besondere Kennzeichnung nicht zu der Annahme, dass solche Namen im Sinne der Warenzeichen- und Markenschutzgesetzgebung als frei zu betrachten wären und daher von jedermann benutzt werden dürften.

Information bibliographique publiée par la Deutsche Nationalbibliothek: La Deutsche Nationalbibliothek inscrit cette publication à la Deutsche Nationalbibliografie; des données bibliographiques détaillées sont disponibles sur internet à l'adresse http://dnb.d-nb.de.
Toutes marques et noms de produits mentionnés dans ce livre demeurent sous la protection des marques, des marques déposées et des brevets, et sont des marques ou des marques déposées de leurs détenteurs respectifs. L'utilisation des marques, noms de produits, noms communs, noms commerciaux, descriptions de produits, etc, même sans qu'ils soient mentionnés de façon particulière dans ce livre ne signifie en aucune façon que ces noms peuvent être utilisés sans restriction à l'égard de la législation pour la protection des marques et des marques déposées et pourraient donc être utilisés par quiconque.

Coverbild / Photo de couverture: www.ingimage.com

Verlag / Editeur:
Éditions universitaires européennes
ist ein Imprint der / est une marque déposée de
OmniScriptum GmbH & Co. KG
Heinrich-Böcking-Str. 6-8, 66121 Saarbrücken, Deutschland / Allemagne
Email: info@editions-ue.com

Herstellung: siehe letzte Seite /
Impression: voir la dernière page
**ISBN: 978-3-8416-6197-5**

Copyright / Droit d'auteur © 2015 OmniScriptum GmbH & Co. KG
Alle Rechte vorbehalten. / Tous droits réservés. Saarbrücken 2015

# **REMERCIEMENTS**

Je dédie ce mémoire à mes parents. Ils ont donné les moyens de réussir à l'enfant agité que j'étais.

Je remercie mes directeurs de mémoire pour leur attention, leur disponibilité et leur compréhension dans notre travail.

Je remercie mes camarades de TD qui m'ont offert des conditions de travail chaleureuses et porteuses en termes de relations humaines.

Je remercie l'IUFM, son personnel et ses formateurs pour la qualité de vie étudiante qu'elle met à notre disposition.

# **RESUME**

L'expression « élève agité » est couramment utilisée. Elle renvoie à une problématique de gestion de classe. Néanmoins, en cherchant à identifier les causes de cette agitation, nous en sommes venus à distinguer agitation et perturbation.

L'enfant agité est en mesure de rentrer dans le métier d'élève. C'est la représentation de l'enseignant quant à sa définition de ce métier qui détermine la stigmatisation de l'agitation. Le fil de la réflexion aboutit sur l'hypothèse que la posture de l'enseignant détermine les prises en compte de l'agitation de ses élèves.

Ce mémoire montre que les représentations des enseignants jouent un rôle important dans la réussite des élèves. Focaliser sur l'agitation, il invite à prendre du recul et interroger sa propre pratique et son vécu personnel.

Mots clés : élève agité, métier d'élève, posture enseignante, dissonance cognitive, effet Pygmalion


The expression "agitated pupil" is commonly used. It refers to a classroom management problem. However, seeking to identify the causes of this agitation, we have come to distinguish agitation and disturbance.

The agitated child is able to hold in the pupil's role. It is the representation of the teacher as to his definition of the job which determines the stigmatization of agitation. The thread of our approach leads to the hypothesis that the position of the teacher determines the consideration of his pupils' excitement.

This dissertation shows that the perceptions of teachers take an important part in the success of his pupils. Focused on agitation, it invites to take a global view and examine his own practice and personal experience.

Keywords: agitated pupil, pupil's role, teacher position, cognitive dissonance, Pygmalion effect

# **SOMMAIRE**

Remerciements

Résumé

Sommaire

Introduction ................................................................................... 1

Réflexion autour de l'élève agité ................................................. 3

    I°/    L'agitation chez l'enfant ............................................................... 4

        A)    Approche sociale .................................................................. 4

        B)    Approches psychologiques .................................................. 5

        C)    Bilan ...................................................................................... 7

    II°/    L'enfant agité et son métier d'élève ........................................... 9

        A)    L'élève dans les textes officiels .......................................... 9

        B)    Le métier d'élève, représentation et agitation ................... 12

    III°/    La posture de l'enseignant ...................................................... 14

        A)    La relation entre l'enseignant, l'enfant agité et son métier d'élève. ........ 14

        B)    Une relation complexe au regard d'outils intellectuels ................ 16

    IV°/    Une synthèse autour des observations en EPS ..................... 18

        A)    Retour sur l'expression d'« élève agité » ............................ 18

        B)    « Elève agité » et EPS ........................................................ 18

        C)    Conclusion ......................................................................... 19

Expérimentation ........................................................................... 20

    I°/    Méthodologie du recueil de données ....................................... 21

        A)    Objectif ................................................................................ 21

    B) Outil : l'entretien semi-directif ................................................................ 21

    C) Démarche ......................................................................................... 23

  II°/ Données recueillies ................................................................................ 25

    A) Les différents entretiens ................................................................... 25

    B) Les relations entre les différents entretiens ........................................ 26

  III°/ Bilan de l'expérimentation .................................................................... 27

## Discussion ............................................................................ 28

  I°/ Analyse du recueil de données ................................................................ 29

    A) Approche globale ............................................................................. 29

    B) Leur définition de l'« élève agité » .................................................... 30

    C) Prise en compte de l'« élève agité » .................................................. 31

    D) Leurs constats spécifiques à l'EPS ..................................................... 34

    E) Synthèse de l'analyse des données ..................................................... 35

  II°/ Les enjeux et les limites de ce mémoire ................................................. 37

## Conclusion ........................................................................... 38

## Bibliographie ....................................................................... 39

## Annexes ................................................................................. I

  I°/ Support pour l'entretien semi directif ........................................................ I

  II°/ Premier entretien ...................................................................................... I

  III°/ Deuxième entretien ................................................................................. I

  I°/ Support de l'entretien semi-directif ......................................................... II

  II°/ Premier entretien ................................................................................... III

  III°/ Deuxième entretien .............................................................................. VI

# **INTRODUCTION**

Au cours de ma première année de Master, j'ai eu l'occasion de faire un stage en école primaire avec une classe de CM1/CM2. Dans ce groupe de 25 élèves, l'enseignante a attiré mon regard vers l'un d'eux. En classe, elle le qualifie d'élève "agité". Elle l'a isolé plusieurs fois pour qu'il "se calme". Par contre, en EPS, il est invisible. Son comportement semble fusionner avec la logique de cette discipline qui s'appuie sur la mise en mouvement du corps. Je le retrouve en récréation criant et courant jusqu'à l'épuisement...

Pour ma part, j'étais un enfant agité. D'être enchaîné à ma chaise haute pour ne pas tomber parce je bougeais trop, je suis passé par un stade de perpétuelle précipitation. Vite, faire vite, bouger. A l'inverse, mon comportement en classe était synonyme de discrétion, de rectitude, où mon entrain était voué au travail. Le parallèle entre les deux portraits interroge...

L'agitation dépend-t-elle du contexte ou de l'individu ? D'où vient-elle? Pourquoi un enfant serait-il plus agité qu'un autre? Par extension, dans quelle mesure cela concerne-t-il le métier d'élève ? Quel rôle tient alors l'enseignant? Comment? Pourquoi? Finalement, en quoi l'élève agité lui pose-t-il problème? L'agitation est-elle un frein aux apprentissages ?

Les élèves que l'on qualifie d'agités soulèvent des questions. A ce stade primitif de notre réflexion, nous chercherons surtout à cibler et comprendre notre public. Nous commencerons donc par suivre la problématique suivante : qu'est-ce qu'un enfant agité?

Nous chercherons à alimenter cette réflexion à l'aide de plusieurs axes. Scientifiques, empiriques, institutionnels, ces approches feront évoluer notre problématique vers le champ de l'école. A l'issue de cette première partie nous aurons défini l'agitation et mis en relation l'élève, l'enseignant et les apprentissages afin de produire une hypothèse de travail, fruit de l'évolution de notre problématique.

La deuxième partie de ce mémoire tentera de vérifier cette hypothèse. Effectivement, suite à l'explicitation d'une méthodologie expérimentale et la présentation de ses résultats, nous les analyserons au regard de notre proposition. L'objectif est alors d'exposer des facteurs favorables à la réussite des élèves quant à l'acquisition des apprentissages.

Il faut donc distinguer trois phases : une phase de réflexion, une phase d'expérimentation et une phase de discussion.

# __REFLEXION AUTOUR__
# __DE L'ELEVE AGITE__

Qu'est-ce qu'un enfant agité ? Cette première partie a pour objet de faire évoluer cette problématique pour en dégager une hypothèse de travail autour de l'élève agité. Pour cela, nous démêlerons la question avec l'apport de plusieurs axes.

Tout d'abord, nous utiliserons les apports de la recherche pour cibler notre public. L'enjeu est de comprendre dans quelle mesure un enfant serait plus agité qu'un autre.

D'autre part, notre étude concerne un milieu particulier qu'est l'école. Nous ferons donc appel aux exigences institutionnelles pour introduire le concept d'élève. Nous interrogerons alors la relation entre agitation et apprentissage.

Ensuite, nous analyserons le rôle et la posture professionnelle de l'enseignant. Quel rôle joue-t-il au regard de ce qu'il qualifie « les élèves agités ». En quoi ses compétences professionnelles sont-elles mises en jeu ?

L'élève agité questionne la pratique de classe. Pour autant, les observations de départ faisaient part d'une singularité quant à l'EPS. Nous analyserons cette occurrence au profit d'une synthèse des différents axes. L'objectif sera alors de dégager une hypothèse de travail. Finalité de ma réflexion, elle fera ensuite l'objet d'une expérimentation.

# I°/ **L'agitation chez l'enfant**

Dans cette première partie, nous chercherons à comprendre les liens qui peuvent s'établir entre l'enfant et l'agitation. Ce point de départ nous permettra ensuite de faire évoluer notre problématique vers le métier d'élève.

La société et la nature font que les individus sont tous plus ou moins différents dans leur comportement. Il se présentera par conséquent des enfants qui bougent plus que d'autres. En effet, nous sommes agités par comparaison avec notre entourage. Notre premier objectif est donc de mettre évidence les origines de cette différence. Pour cela, nous croiserons plusieurs approches concernant notamment le champ de l'école.

## A) *Approche sociale*

L'agitation d'un enfant peut dépendre de son contexte social. Auger et Boucherlat[1] ont ainsi montré le rôle que peut tenir l'environnement. En effet « un contexte économique et social instable : doute des familles vis-à-vis de l'école, délaissement des enfants pour assurer le travail, surinvestissement dans l'affectivité des parents sur leur enfant en cas de divorce (séduction) au dépens du rôle éducatif », seraient des facteurs favorables pour conditionner un enfant à devenir plus agité.

Les propos du psychanalyste Tony Anatrella[2] viennent confirmer que l'instabilité sociale dans le rapport éducatif joue un rôle important. « Nous avons souvent montré que ce ne sont pas les jeunes qui ont changé, mais d'abord les adultes qui ont modifié le contenu psychologique de la relation éducative : le processus d'identification a été inversé, ce sont les adultes qui tentent de s'identifier aux adolescents et aux enfants et non l'inverse. Le modèle juvénile devient une référence de pensée et de conduite ».

Cette approche nous montre que les élèves sont plus enclins à l'agitation lorsque le modèle social est instable car l'enfant n'a pas de références fixes sur lesquelles

---

[1] Auger, M.-T., Boucherlat, C., *L'élève, pourquoi?*, Chronique Sociale, Lyon, 1995, p. 19-20
[2] Anatrella T., *Interminables adolescences. Les 12-30 ans*, Paris, Cerf, Cujas, 1991

s'appuyer. Angoissant, le contexte social peut donc favoriser l'émergence de comportements déviants.

Plus le milieu social est instable, plus l'individu risque d'être agité. Nous nous devons donc de cibler la mesure qui concerne notre étude. Pour qu'un titulaire nous fasse remarquer qu'un élève est agité, c'est que son comportement est significatif d'une certaine gêne dans la gestion de sa classe. Il pose un obstacle, une difficulté. Auger et Boucherlat[3] se sont intéressées aux élèves que l'on qualifie de difficiles. D'après elles, « est qualifié de difficile l'élève qui perturbe, l'élève qui refuse de travailler ». Notre étude concernerait plutôt l'élève qui perturbe. Or, Auger et Boucherlat ont relevé plusieurs degrés de perturbation : agitation, contestation, provocation et agressivité. L'agitation est donc évoquée comme étant le premier degré de la perturbation.

Les enfants seraient donc plus ou moins agités en fonction de la stabilité de leur contexte socio-économique. Plus il est incertain, moins il est sécurisant. Il s'en suivrait une angoisse chez l'enfant, qui se manifeste par l'agitation. Par conséquent, moins ce contexte est favorable plus l'enfant en viendrait à s'agiter voire à perturber. Nous en resterons à l'agitation.

Par ailleurs, il apparait des pistes de réflexion pour le professionnel. Chercher à offrir un temps et un espace social sécurisant pourrait limiter l'agitation des élèves.

Outre la dimension sociale de l'individu, son comportement est aussi intimement lié à sa dimension psychologique. Ce sera le champ de recherche de notre prochaine approche.

## B) *Approches psychologiques*

Nous avons vu que l'enfant agité peut se situer sur une échelle quant à son degré de perturbation. Les psychothérapeutes parlent d'excitation. Nous tenterons ici de définir l'enfant agité en comparaison avec ce degré supérieur.

---

[3]Auger, M.-T., Boucherlat, C., *Elèves "difficiles", profs en difficulté*, Chronique Sociale, Lyon, 1995, p. 15-16

Robert Voyazopoulos[4] tente ainsi d'en dresser le portrait : « ces enfants souffrent d'une grande fragilité émotionnelle, d'impulsivité, d'une incapacité à différer un plaisir, d'une apparente indifférence aux sollicitations ou aux consignes. Le défaut de contrôle des activités menées ainsi que le manque d'inhibition dans de nombreuses circonstances de la vie quotidienne sont à l'origine de situations conflictuelles qui poussent à bout les adultes concernés ».

Cette approche psychothérapeutique nous renvoie dans une certaine mesure à l'approche sociale car l'instabilité de l'environnement brouille ces règles. Par conséquent, il se produit chez l'enfant le manque d'inhibitions relatif à l'explication du chercheur. Ainsi, outre le contexte social, ce peut aussi être dans la construction psychologique de l'individu que l'agitation prend son origine.

Voyazopoulos propose aussi une approche neuropsychologique. Effectivement, notre comportement est contrôlé par notre cerveau. Des liens peuvent donc être établis entre un fonctionnement cérébral particulier et l'instabilité des enfants. D'après le chercheur, l'agitation pourrait être liée à une « perturbation neuropsychologique primaire, une hypovigilance cognitive, un niveau d'éveil cortical plus bas que la normale contre quoi le sujet lutterait par une activité motrice. Les récentes découvertes en imagerie médicale (IRM et scanner) montreraient certaines anomalies (bas débit sanguin et métabolisme glucidique réduit dans les aires frontales) ». De plus, des « anomalies au niveau du putamen, structure cérébrale impliquée dans la régulation du comportement moteur » ont été mises en évidence chez les enfants hyperactifs.

Par conséquent, inattention et agitation motrice seraient liées au niveau neurologique. L'élève inattentif se confondrait avec l'élève agité. Néanmoins, cette approche réduit le développement de l'enfant à des processus de maturation. Elle ne prend pas en compte l'environnement, le caractère social ni la dimension affective de l'individu.

Après les approches psychothérapeutique et neuropsychologique, nous allons nous intéresser à une approche purement psychologique. Elle porte directement sur

---

[4]Voyazopoulos, R. « Enfant instable, enfant agité, enfant excité », *Enfance & Psy*, n°14, 2001/2002, p. 26 à 34

l'individu dans son développement propre. Celui-ci dépend néanmoins de son environnement : cette approche sera donc en lien avec notre approche sociale.

Malarive et Bourgois[5] font l'hypothèse que l'instabilité serait une « distorsion du lien précoce mère-enfant ». Effectivement, « une perturbation précoce de la relation objectale est mise en évidence avec des mères qui n'auraient pas joué, auprès de ces enfants, leur rôle habituel de pare-excitations. Les tendances dépressives et régressives chez l'enfant seraient masquées par l'agitation ».

De même, Maurice Berger[6] a montré que désaccords familiaux, troubles mentaux maternels ou paternels, ou encore les cas de famille nombreuse, favorisent l'apparition de l'hyperactivité. A cela s'ajoute les instabilités précoces avec la mère, le forçage éducatif, une mère nerveuse ou instable au maternage discontinu sont des facteurs significatifs.

Ces différents auteurs traitent de cas ne relevant pas du domaine de compétence de l'enseignant mais donnent l'aperçu des facteurs favorables à l'apparition de l'agitation chez l'enfant. Ainsi, l'agitation motrice serait un procédé autocalmant se substituant à la fonction maternelle d'atténuation de l'angoisse. Ce processus viendrait s'ajouter à la construction d'un individu dans un environnement aux repères instables.

## C) *Bilan*

Nous partions d'un cas d'élève qualifié d'agité. L'expression interroge. Nous en sommes donc venus à nous poser la question suivante : qu'est-ce qu'un enfant agité ?

Les Hommes étant tous différents, ce qui touche à leur comportement nous est rendu visible surtout par comparaison. Nous avons donc sollicité plusieurs approches pour explorer les origines possibles de l'agitation. Pourquoi certains enfants sont-ils plus agités que d'autres ?

---

[5] Malarive, J., Bourgois, M., 1976, "L'enfant hyperkinétique. Aspects psychopathologiques", *Annales médico-psychologiques*, n°1, 1976, p. 107-119
[6] Berger, M., *L'enfant instable*, Paris, Dunod, 1999

L'approche sociale a montré qu'un environnement instable, où l'enfant n'a pas de repères fixes, où il évolue par conséquent dans l'incertitude, favorisait l'apparition de comportements agités. De même, l'approche psychologique a mis en évidence l'importance des inhibitions dans le développement de l'enfant, essentielles pour apprendre à différer les envies. Par ailleurs, cette approche a montré que l'agitation est un procédé autocalmant se substituant à celui de la mère en carence.

Les parents et leur environnement représentent donc un facteur déterminant quant à l'apparition de l'agitation chez leur enfant. Ces origines lui sont inhérentes, son agitation n'est qu'un moyen de lutter contre. Attention, cela ne signifie pas que c'est un caractère irréversible. Ce point essentiel sera développé plus avant. Au stade de notre réflexion, ces approches nous permettent surtout de comprendre pourquoi des enfants sont plus agités que d'autres.

Un enfant agité se définirait donc comme un enfant qui bouge, qui s'occupe physiquement afin de ne pas ressentir une forme d'angoisse. Cette angoisse peut être liée à un environnement instable, en manque de règles ou encore insécure, mais elle peut aussi être l'expression de celle des parents, de son environnement proche.

Par ailleurs, au regard de l'importance du contexte de l'individu, nous avons les outils intellectuels pour comprendre l'agitation continue mais aussi ponctuelle. En effet, si un contexte social stable (faible risque d'agitation) se voit dérégler par un divorce ou un drame par exemple, il y a de fortes chances que l'angoisse des parents se manifeste chez l'enfant par une agitation ponctuelle.

De plus, il est important de rappeler que notre recherche concerne un public dont l'agitation est mesurée. En effet, à un degré supérieur d'agitation (hyperactivité par exemple), la prise en charge de l'enfant ferait l'objet d'un suivi plus personnalisé.

Lorsque ces enfants agités se retrouvent sur le banc de l'école. Ils doivent devenir élèves. C'est là le cœur de notre sujet. Un enfant dit « agité » est-il un pour autant « élève agité » ? Qu'est-ce que le métier d'élève implique pour que le concept soit si fréquemment utilisé par les enseignants ? En somme, d'une définition de l'enfant agité, notre problématique devient la suivante : quels obstacles se tiennent entre l'enfant agité et le métier d'élève ?

## II°/ **L'enfant agité et son métier d'élève**

Interroger les obstacles qui se tiennent entre l'enfant et son métier d'élève, c'est prendre la posture qui consiste à considérer l'enfant comme sujet, comme individu qui s'intègre dans la société. C'est pourquoi nous analysons sa relation avec le métier d'élève et non pas directement l'élève lui-même.

En cela, nous devons aborder deux dimensions propres à cette fonction sociale : celle qui le définit officiellement d'une part, mais aussi celle qui fait appel aux représentations culturelles (définition sociale).

### A) *L'élève dans les textes officiels*

« Donner à chaque enfant les clés du savoir et les repères de la société dans laquelle il grandit est la première exigence de la République et l'unique ambition de l'école primaire[7] ».

Le préambule des programmes officiels fixe clairement deux piliers pour les enfants dans leur fonction d'élève : ils vont acquérir des savoirs et apprendre à s'intégrer dans la société.

#### 1. L'élève et les savoirs : l'apprenant

En entrant à l'école, les activités de l'enfant viseront l'acquisition des compétences fixées par le Bulletin Officiel. C'est finalement le propre de l'élève que d'apprendre. Nous parlerons ainsi d'« élève apprenant[8] ». L'agitation de l'enfant fait-elle obstacle aux apprentissages de l'élève ?

---

[7] B.O. n°3 du 19 Juin 2008, Hors-Série
[8] Duval Heraudet, J., « Etre écolier pour être élève - tiers symbolique, tiers social, tiers culturel - quel « substrat » pour être élève ? », *Formation continue des rééducateurs du Vaucluse, le rééducateur et les enjeux de la prévention*, IUFM Avignon, 2002

Du point de vue psychologique, nous avons vu que l'agitation d'un enfant était liée à une lutte contre une angoisse. En toute circonstance mais dans des proportions différentes, ce processus mobilise tous les individus. Il y a donc un stade où cette mobilisation est telle que l'enfant n'est plus en mesure d'être disponible physiquement, psychologiquement et/ou cognitivement pour apprendre. Or, un enfant qui ne peut plus rentrer dans son métier d'élève n'est plus directement du ressort de l'enseignant. Celui-ci doit faire appel au Réseau d'Aide Spécialisé aux Elèves en Difficulté (RASED). En somme, cela dépasse le cadre de ce mémoire.

Donc, les élèves qui sont considérés comme agités en classe sont en mesure d'apprendre. S'ils soulèvent des questions, c'est que c'est leur comportement qui pose problème. Il faut alors interroger le métier d'élève dans sa fonction sociale.

## 2. L'élève et la société : l'écolier

### a) L'école, lieu de vie collective pour la formation du citoyen

Etre élève, c'est apprendre. Or, un point commun fréquent entre les différents systèmes éducatifs repose sur l'apprentissage de la vie en société. Cela concerne deux plans : l'école comme lieu de vie collective et l'école comme lieu de formation du citoyen.

Quel que soit le milieu (groupe, système), toute nouvelle entité (individu, association par exemples) qui veut s'y intégrer doit en suivre les règles. Ainsi, un enfant qui rentre à l'école, c'est un individu qui rentre dans un lieu collectif dont il ne connait pas les règles. C'est « un écolier avant d'être un élève » (Duval Heraudet, 2002). C'est le premier plan, celui qui est nécessaire à toute insertion dans un milieu.

Ces règles dépendent de la société dans laquelle l'enfant va s'insérer. C'est l'enseignant et l'établissement qui en sont les vecteurs, ce qui implique leurs représentations. Nous aborderons ce sujet par la suite.

Le second enjeu de l'école est de former de futurs citoyens. Effectivement, la légitimité de la république repose sur la formation de ses électeurs. Par conséquent, la spécificité (et la mission) de l'école, c'est de rendre les élèves capables de suivre les règles de la république (le vote par exemple).

Ces apprentissages sont directement inscrits dans les programmes officiels (B.O. 2008). Ainsi, à la sortie de l'école maternelle, l'élève est capable de « respecter les autres et [de] respecter les règles de vie commune, d'écouter » mais aussi de « contrôler ses émotions ». Il se prolonge jusqu'au cycle des approfondissements par le biais du Socle Commun de Compétences : il sera capable de « respecter des règles de la vie collective » (compétence sociale et civique), de « respecter des consignes simples en autonomie, montrer une certaine persévérance dans toutes les activités » et de « soutenir une écoute prolongée ».

### b) *L'enfant agité dans sa formation de citoyen*

Notre sujet concerne les enfants agités. Nous avons vu qu'ils pouvaient s'inscrire dans le métier d'élève du point de vue des apprentissages, que c'est leur comportement qui pouvait faire obstacle au regard du groupe. Dans quelle mesure peut-il poser problème au regard de la vie en groupe ?

Intégrer la société implique d'intégrer ses règles. Lorsque notre agitation corporelle vient en réponse à un processus psychologique inhérent, elle est difficile à contrôler. Par conséquent, certains apprentissages seront plus difficiles. Par exemples, « contrôler ses émotions » ou « soutenir une écoute prolongée » nécessitent un contrôle plus important en comparaison avec d'autres compétences. Du reste, l'enfant agité peut intégrer des règles de vie. Au même titre que les autres élèves en formation, il les suivra tant bien que mal. Néanmoins, son comportement agité est tel qu'il est plus visible auprès de l'enseignant. Ce dernier relèvera donc plus les débordements.

Effectivement, dans une classe, un enfant refermé sur lui-même, parlant peu, restera dans l'ombre de celui qui bouge, alors qu'il pourrait être en difficulté ou enfreindre des règles. On parle plus de l'élève agité car il attire notre regard du fait de son comportement, mais sans qu'il pose problème pour autant.

En somme, un enfant agité peut apprendre et notamment à devenir citoyen. Bien que quelques compétences précises soient plus difficiles à acquérir, il peut rentrer dans son métier d'élève au même titre que ses camarades. L'enfant agité peut être apprenant et écolier.

Si l'agitation ne fait pas obstacle aux apprentissages mais qu'on parle d'« élève agité », notre réflexion doit se porter sur la représentation sociale du métier d'élève. En effet, l'expression « élève agité » sonne comme un oxymore où « agité » est connoté péjorativement, opposé à « élève ». Nous conviendrons donc que notre problématique doit évoluer de la sorte : Dans quelle mesure la représentation sociale de l'élève pose problème à l'enfant agité ?

## B) *Le métier d'élève, représentation et agitation*

D'après les textes officiels, on peut difficilement parler d'« élève agité ». Un point de notre réflexion est resté en suspens à propos des règles à l'école. C'est l'enseignant et l'établissement qui font le lien entre règle de la classe et société. Par conséquent, ce sont leur représentation de la société qu'ils tentent de transmettre.

Les travaux de Suzanne Mollo[9] viennent appuyer et approfondir mon propos. Cette attachée de recherche au CNRS a montré qu'en fonction du modèle de société de l'enseignant, ce dernier avait construit un modèle d'écolier particulier. Or Tous les modèles n'ont pas le même poids du fait de l'Histoire.

L'école telle que nous la connaissons aujourd'hui prit forme avec les lois de Ferry en 1881 et 1882. Le modèle de société que véhiculaient alors les enseignants reposait sur une institution : « L'enfant devait être gentil à la maison, appliqué à l'école et obéissant partout pour devenir un bon père de famille, un bon citoyen et un bon soldat. » (Mollo, 1963). Ce cadre singulier était reconnu par l'ensemble des enseignants, ils s'évertuaient donc à ce que chaque élève s'y inscrivent. Il se construit alors la représentation collective de l'élève qui se doit d'être sage, attentif et obéissant, soumis au maître.

Ensuite, Mollo note une évolution à partir des années 50. Il n'y a alors plus un seul modèle de société mais plusieurs qui développent, voire se contredisent. En parallèle, de nouvelles pédagogies apparaissent. L'enseignant en tisse ses représentations de modèle d'écolier en fonction de son propre vécu, de ses aspirations sociétales et surtout

---

[9] Mollo, S., « Importance et signification du modèle d'écolier », *Enfance*, Tome 16 n°4-5, 1963, p. 333 à 343

de la représentation collective des débuts. En somme, bien que la société évolue, que les représentations se multiplient, le modèle de l'élève sage, attentif et obéissant persiste.

Cette représentation originelle n'est pas sans conséquence pour l'enfant agité car leurs profils ne coïncident pas. Ce décalage provoque chez l'enseignant une dissonance cognitive (au sens de Festinger[10]). C'est intimement lié à sa problématique de gestion de classe. Ce dernier tentera donc de réduire cet état de tension désagréable en portant son jugement sur le fait que l'enfant est un mauvais élève car il ne sait pas se tenir.

Cette appréciation est une conséquence, non pas de l'élève en tant qu'apprenant ou écolier, mais du fait des représentations du modèle primaire de l'élève qui c'est construit chez le professionnel.

Aujourd'hui, en lien étroit avec l'évolution de la société, plusieurs modèles de pédagogie se centrent sur l'élève en tant que sujet apprenant. La mission de l'enseignant revient alors à prendre en compte l'hétérogénéité de la classe pour permettre à chacun de réussir. C'est une posture différente, qui implique une autre appréciation du comportement agité.

L'expression « élève agité » viendrait donc ni de l'enfant ou de l'élève mais plutôt du regard de l'enseignant vis-à-vis de ses représentations.

Ce point de réflexion permet de faire évoluer notre problématique. Nous cherchions dans quelle mesure la représentation sociale de l'élève posait problème à l'enfant agité. Nos éléments de recherche nous invitent à mettre en évidence le rôle de la posture enseignante. En quoi la posture de l'enseignant influe-t-elle sur le métier d'élève de l'enfant agité ?

---

[10] Festinger, L., Riecken, H.W. et Schachter, S., « When Prophecy Fails: A Social and Psychological Study of A Modern Group that Predicted the Destruction of the World », *Harper-Torchbooks*, Janvier 1956, Version française : *L'Échec d'une prophétie*, PUF, 1993

## III°/ La posture de l'enseignant

Le point de départ de notre réflexion était cette expression d'« élève agité ». Après nous être renseignés sur l'enfant agité puis l'avoir confronté à la définition d'élève, il est apparu que le cœur de la problématique reposait sur les représentations du modèle d'élève de l'enseignant.

Bien que variable, l'enfant agité est une réalité, alors que l'« élève agité » est une image construite par la posture de l'enseignant. Notre problématique s'est donc vue réorientée comme suit : en quoi la posture de l'enseignant influe-t-elle sur le métier d'élève de l'enfant agité ?

Il s'agit de d'analyser la relation enseignant-élève. Notre cas précis renvoie à des réflexions plus larges. Nous tenterons donc dans une première partie de déployer la problématique dans son contexte. Dans une seconde partie, nous en viendrons à la traiter au regard de concepts plus larges.

D'autre part, j'ai intégré des observations singulières concernant l'EPS dans mon constat de départ. Il serait judicieux de les analyser au regard de la posture de l'enseignant afin de synthétiser notre réflexion.

### A) *La relation entre l'enseignant, l'enfant agité et son métier d'élève.*

Le comportement agité d'un élève est celui qui va poser des problèmes car il renvoie à la gestion de la classe de l'enseignant et donc remettre en cause sa posture. Il est perturbé avant la classe. Cette perturbation peut être volontaire de la part de l'enfant du fait de stratégies qui lui sont propres, mais ce n'est pas l'objet de ce mémoire.

En fonction de la posture de l'enseignant il ne percevra pas la perturbation de la même manière. Insubordination, manque d'autorité, activité inintéressante, expression d'un sujet en mal être, consignes incomprises,... Ce qui déterminera l'analyse d'un enseignant privilégiant sa personne sera la menée de son activité. L'enfant agité devient perturbateur, un point noir. En plaçant le métier d'élève comme sujet apprenant, le facteur déterminant est plutôt l'apprentissage. Est-ce que le comportement de cet élève l'empêche d'apprendre ? Empêche les autres d'apprendre ? L'outil d'analyse n'est plus le jugement mais l'évaluation.

Bien qu'elles ne soient pas représentatives de la complexité du terrain, ces deux postures sont néanmoins significativement différentes. Nous chercherons à les analyser au regard de la définition d'enfant agité que nous avons établie.

L'enfant agité est un enfant qui bouge, qui s'occupe physiquement afin de ne pas ressentir une forme d'angoisse. Cette angoisse peut être liée à un environnement instable, en manque de règles ou encore insécure, mais elle peut aussi être l'expression de celle des parents, de son environnement proche.

Quel que soit la posture de l'enseignant, nous constatons que le rapport à la règle, au cadre est important. En classe, les règles sont instituées explicitement ou implicitement pour permettre une ambiance de travail et d'écoute. L'enjeu est de favoriser les apprentissages. Si le comportement de l'enfant ne rentre pas dans ce cadre, il parait pertinent de signaler à l'enfant les limites. Outre l'ambiance de classe, il s'agit de lui offrir un environnement stable, aux règles précises en vue de sa sécurité affective. Rappeler les règles de classe et s'y tenir apparaît donc comme pertinent.

Quant est-il de la manière ? Nous avons vu que ce n'était pas l'élève en tant que tel qui posait problème mais bien son comportement. Il s'avèrerait déplacé de stigmatiser l'élève alors même qu'il est sujet à des angoisses. A l'extrême, ce serait prendre la posture qui consisterait à culpabiliser l'élève de perturbateur alors que c'est une occupation corporelle d'atténuation d'angoisse qui est à l'origine du problème. De plus, c'est l'enseignant qui désigne l'élève agité. Restant une référence, cela peut créer des stigmatisations, nuisant aux apprentissages.

En effet, l'enfant n'a pas les outils intellectuels pour comprendre son comportement. Si un adulte à l'autorité reconnue le désigne comme agité, perturbateur, le sujet intégrera cette caractéristique comme propre à sa personne. C'est à ce moment que l'on parle de stigmatisation et de nuisance aux apprentissages.

Par conséquence, il est plus pertinent de souligner son comportement plutôt que sa personne et ce, vis-à-vis du reste de la classe. Ce n'est pas l'enseignant qui est dérangé mais la classe. D'autre part, cette ligne de conduite doit être suivie avec les autres élèves. La véritable stigmatisation serait effectivement de focaliser ces rappels sur cet enfant (puisqu'il bouge plus que les autres, il est plus remarquable).

Ces distinctions sont dépendantes des postures présentées précédemment. Considérer l'enfant dans son métier d'élève, c'est-à-dire par rapport aux apprentissages, c'est lui offrir un environnement stable, sécurisant voire valorisant. Les stratégies d'atténuation peuvent donc en venir à ne plus être nécessaires.

Au contraire, le professeur qui considère avant tout son enseignement, le déroulement de son activité au sein d'une classe, focalisera sur cet élève qui est perturbateur en apparence. Une telle stigmatisation a des répercussions sur les apprentissages mais aussi sur le plan affectif. Ne trouvant pas sa place dans la classe, l'école devient un environnement instable, un facteur d'agitation. Par répercussions, l'enseignant porte son attention sur son comportement plutôt que ses apprentissages.

En somme, en fonction de la posture enseignante, il peut se créer deux processus, l'un favorisant l'acquisition de compétences, l'autre confirmant voire renforçant le processus d'agitation. Des outils intellectuels peuvent-ils être invoqués pour fixer une frontière entre ces deux postures.

## *B) Une relation complexe au regard d'outils intellectuels*

En quoi la posture de l'enseignant influe-t-elle sur le métier d'élève de l'enfant agité ? Nous avons abordé deux postures significativement différentes. L'une d'elle, due à une dissonance cognitive chez l'enseignant, provoque un effet négatif.

Deux chercheurs ont approfondi ce concept de dissonance au champ de la pédagogie. Robert Rosenthal et Lenore Jacobson[11] ont constaté que l'enseignant cherchait à réguler ses dissonances en fonction de l'image qu'il se fait de ses élèves. Leurs expériences se sont effectuées sous différentes formes. En voilà un exemple : il a été confié deux classes de niveau moyen à deux enseignants différents. A l'un, les chercheurs ont précisé que c'étaient de « bons élèves ». A l'autre, que c'étaient de « mauvais élèves ». Lorsque des

---

[11]Rosenthal, R., Jacobson, L., *Pygmalion à l'école*, Paris, Casterman (trad. : 1971)

difficultés se présentaient, les enseignants employaient des stratégies pour faire coïncider le résultat au profil d'élèves que les chercheurs ont annoncé. Les « bon élèves » devaient réussir puisqu'ils étaient a priori bons tandis que les « mauvais élèves » ne réussissaient pas puisqu'ils étaient « mauvais ». Au départ, les deux classes avaient le même niveau. A la fin de l'expérience, le niveau des classes correspondaient aux représentations des enseignants, construites artificiellement. Cette « prophétie autoréalisatrice » a été désignée par Rosenthal et Jacobson comme l'Effet Pygmalion.

Cet effet Pygmalion est intimement lié à notre problématique. La posture enseignante qui consisterait à focaliser son regard sur l'agitation d'un élève fixerait cette caractéristique. Effectivement, ses analyses seraient orientées en fonction de cette stigmatisation et non plus les apprentissages. L'expression « élève agité » renvoie donc à une posture qui peut nuire aux apprentissages.

L'effet Pygmalion est une réalité scientifique à double tranchant. Il est représentatif d'un choix de posture chez l'enseignant. Les pédagogues se sont d'ailleurs emparés du concept pour développer leur réflexion. Par exemple, Philippe Meirieu s'inspire de la pédagogie de Jean-Gaspard Itard[12], éducateur de Victor de l'Aveyron, pour développer l'idée du pari d'éducabilité.

Cette posture, qui consiste à parier sur la réussite des enfants, « tous capables », est elle aussi en lien avec notre problématique. Elle privilégie l'acquisition de compétences tout en s'opposant à la construction d'une représentation du métier d'élève. L'enfant agité est alors susceptible de mettre ses problèmes de côté au profit des apprentissages.

Ces différentes analyses ont permis de déployer les problèmes que posait l'expression « élève agité ». Ces « élèves agités » ne semblaient plus l'être lors des séances d'EPS. Nous chercherons à synthétiser nos analyses autour de cette discipline afin de comprendre ces observations préliminaires.

---

[12]Meirieu, P., *Jean-Gaspard Itard, Tous les enfants peuvent-ils être éduqués ?*, Collection « L'éducation en question », PEMF, 2001

# IV°/ Une synthèse autour des observations en EPS

## A) *Retour sur l'expression d'« élève agité »*

« Elève agité », l'expression est à la base de ma réflexion. Nous avons mis en évidence les stratégies d'atténuation d'angoisse de l'enfant agité. Cette définition a ensuite été mise en lien avec le métier d'élève. Or nous en avons conclu que cette expression était une image construite par les représentations enseignantes. Cette image est celle de l'élève obéissant et attentif.

L'agitation de l'enfant, visuelle, provoque une dissonance cognitive chez l'enseignant. Ce dernier s'emploiera à la réguler en accord avec ses représentations du métier d'élève. Notre problématique s'en tenait à se demander en quoi la posture de l'enseignant influe-t-elle sur le métier d'élève de l'enfant agité ? Cette posture apparait justement déterminante car elle stigmatisera ou non l'enfant comme agité et non élève. A long terme, du fait de l'effet Pygmalion, l'enfant se sera construit comme « agité » au dépend d'un réel métier d'élève, tant écolier qu'apprenant.

Dans une discipline ou le corps est justement occupé et voué à des apprentissages, en quoi nos observations préliminaires prennent-elles sens ?

## B) *« Elève agité » et EPS*

En classe le corps est traditionnellement écarté au profit de la réflexion, c'est un postulat en référence au modèle magistral des débuts de l'école de ferry. C'est dans ce carcan que se trouve un enfant agité qui a besoin d'évacuer ses angoisses. Il en résulte l'agitation qui peut ou non être stigmatisée par l'enseignant.

Lors de mes premières observations, un élève était effectivement souvent contraint à l'isolement au fond de la classe car c'était un « élève agité ». Or, en EPS, il était confondu avec le reste du groupe classe. Il ne s'est pas fait reprendre pour son comportement.

Comme toute discipline, les apprentissages en EPS se basent sur une pratique effective. En l'occurrence, la spécificité de l'EPS est qu'elle mobilise le corps. Or, nous avons mis en évidence le fait que c'est justement cette mobilisation du corps qui permet à l'enfant agité d'évacuer ses problèmes psycho-cognitifs. Par conséquent, il rentre dans les attentes de l'activité et de l'enseignant, toutes postures confondues.

D'ailleurs, nous pouvons mettre en évidence un indice pertinent d'analyse de l'élève qui délimiterait les enjeux de notre réflexion. Nous sommes partis du constat que l'élève était taxé d'« agité » car il perturbait la classe. Entendons par là que sa gesticulation était consciemment vouée à la perturbation. Alors, en EPS, nous devrions trouver le même comportement. Or, cela n'a pas été observé. Il y a donc une différence notable entre « agité » et « perturbateur ». L'un rentre dans son métier d'élève et pas l'autre. L'EPS permettrait de faire la différence.

D'autre part, la stigmatisation liée à la posture enseignante apparait d'autant plus dangereuse qu'un enfant agité et élève peut, par effet Pygmalion, intégrer un profil de perturbateur qu'on lui assignerait.

## C) *<u>Conclusion</u>*

D'une question de départ large autour de l'expression d'« élève agité », nous avons parcouru les piliers de la relation pédagogique : le métier d'élève, son rapport aux savoirs comme apprenant, son rapport à la société comme écolier mais aussi le rôle de l'enseignant et sa posture vis-à-vis d'un élément agité dans la classe.

Notre argumentation a progressivement fait évoluer cette question de départ pour en venir à mettre en évidence l'importance de la représentation du métier d'élève chez l'enseignant. Finalement, parce que l'enfant agité n'est pas fondamentalement perturbateur, nous pouvons dégager l'hypothèse que la posture de l'enseignant détermine les prises en compte de l'agitation de ses élèves.

Cette hypothèse, fruit d'apports théoriques et d'observations préliminaires nécessite d'être approfondie et vérifiée. Notre réflexion doit donc se poursuivre à partir d'un recueil de données puisées dans leur discours afin d'analyser leur posture et ses conséquences.

# **EXPERIMENTATION**

L'hypothèse est la suivante : la posture de l'enseignant détermine les prises en compte de l'agitation de ses élèves. A travers une analyse expérimentale, la suite de ce mémoire vise la vérification de cette hypothèse.

Dans cette phase d'expérimentation, nous aborderons tout d'abord la méthodologie de recueil des données. Elles seront ensuite exposées afin de faciliter la compréhension de leur analyse. Cette phase d'analyse fera l'objet d'une discussion au regard de l'apport théorique qui a précédé.

# I°/ Méthodologie du recueil de données

## A) Objectif

Jusqu'à présent, nous nous sommes basés sur des cadres théoriques, institutionnels pour analyser des faits observés. Nous allons nous recentrer sur la pratique de terrain.

Il y a deux objectifs principaux. Tout d'abord, il s'agit d'identifier des postures enseignantes et rendre compte de leurs conséquences sur les analyses de comportements d'élèves. D'autre part, nous chercherons à extraire des éléments qui viendraient enrichir notre réflexion autour des pratiques enseignantes et sur la spécificité qu'offre l'EPS.

## B) Outil : l'entretien semi-directif

Pour une enquête large qui vise à identifier des représentations et des pratiques, l'usage de l'entretien semi-directif semble l'outil le plus judicieux.

### 1. Définition et usages[13]

L'entretien semi-directif est un outil sociologique où le chercheur annonce à son interlocuteur le thème qui sera abordé puis oriente la discussion au travers d'un guide d'entretien.

Il vise à recueillir un discours sur des actes, et non pas les actes directement. En cela, l'enseignant exposera non pas ce qu'il fait mais ce qu'il pense faire ou devrait faire. Donc finalement, l'entretien semi-directif permet de mettre en évidence les représentations de façon plus explicite que l'observation ou le questionnaire (qui est plus fermé).

---

[13] Combessie, JC, La méthode en sociologie, Coll. Repères, La Découvertes, 2007, p.24

Le discours retenu fait l'objet d'une analyse qualitative. Le chercheur doit donc rester garant du déroulement. Il propose des reformulations et approfondit l'échange à l'aide de son guide d'entretien. La personne interrogée parle donc librement mais ses propos restent dans le champ d'intérêt du chercheur.

Le guide d'entretien se compose d'une « entame ». Question ou simple phrase affirmative, elle permet de lancer l'échange autour de l'axe choisi par le chercheur. Le guide se compose « des thèmes ou des aspects du thèmes qui devront être abordés avant la fin de l'entretien » (Combessie, 2007).

Par ailleurs, il est d'usage de construire un talon sociologique de la personne interviewé. Les enjeux sont multiples.

Tout d'abord, il vise à identifier l'interlocuteur. Il s'agit ainsi de constituer une forme de carte d'identité pour situer la personne dans le champ de notre recherche et d'en garder la trace lors du traitement des données.

D'autre part, il a une fonction d'amorce. Commencer l'entretien directement avec l'entame risque de bloquer l'interlocuteur. Chercher à le connaître par des questions simples mais précises permet de partir sur un climat de confiance. La personne interrogée sera alors plus ouverte dans son discours, le recueil des données est plus riche et son analyse plus fine.

## 2. Le guide d'entretien de notre recherche[14]

### *a) Le talon sociologique*

L'entretien commencera par établir le talon sociologique de l'interlocuteur. Tout d'abord, je me présenterai ainsi que l'objet de cet entretien. Il parait aussi nécessaire d'assurer l'anonymat lié à la recherche.

---

[14] Le support utiliser lors des entretiens est disponible en annexe.

Ensuite, il s'agit de dresser un portrait de l'interlocuteur au travers de différents facteurs (niveau de classe, nombre d'élèves, ancienneté et expériences du professionnel, contexte socio-économique de l'école) qui permettront d'élaborer une étude comparative.

Il viendra ensuite une question d'entame qui pose le sujet et s'en suivra des questions qui parcourront le sujet d'étude.

### b) L'entame : le thème de l'élève agité

Le thème d'« élève agité » aura été donné pendant ma présentation. Il s'agit donc de lancer l'entretien autour du sujet. Je choisis donc une question ouverte mais qui invite l'interlocuteur à s'impliquer. Elle sera donc formulée ainsi : « J'ai évoqué mon objet de recherche : les élèves agités. Comment caractériseriez-vous un élève agité? »

Le « comment » porte l'accent non pas sur ce que pense directement la personne mais sur sa pratique, davantage révélatrice de ses représentations. Cette formulation vient donc appuyer le procédé de notre expérimentation.

### c) Les points pour guider l'entretien

Parce que la posture professionnelle influe sur les procédés d'action, la pratique vis-à-vis des élèves varie d'un enseignant à un autre. Nous les interrogerons donc sur la manière dont les « élèves agités » influence leur pratique. La question sera formulée de la sorte : « Ces élèves influencent la pratique de classe. Comment? »

Nous avons mis en évidence la particularité de l'EPS comme indice pertinent quant à la posture de l'enseignant. Il serait donc judicieux d'en venir au point suivant : « J'aimerai que vous me parliez des séances d'EPS. Son comportement y est-il différent? ».

## C) *Démarche*

### 1. Echantillon

Nous cherchons à mettre en relation les représentations de l'enseignant et l'agitation de ses élèves. Par conséquent, il ne faut pas cibler une population particulière mais au contraire essayer de balayer un large échantillon.

En effet, nous pouvons supposer qu'à contextes différents, les représentations et les pratiques diffèrent. Ainsi, nous nous appuierons sur les données du talon sociologique pour structurer une analyse comparative des différentes données.

## 2. Les conditions de l'entretien

Nous l'avons vu, un entretien semi-directif est construit autour de questions ouvertes. Les interviewés ont donc le choix de leur réponse mais sous un regard extérieur. Par conséquent, je dois être vigilant aux conditions de l'entretien pour assurer une participation sincère de l'interlocuteur.

Tout d'abord, je laisserai le choix à l'interviewé du lieu et du moment de la semaine pour fixer notre entretien. Il s'agit de le mettre à l'aise dans un environnement qu'il maîtrise. Si c'est à moi qu'il revient de fixer ces conditions, il parait cohérent de s'installer dans l'école voire la classe de l'enseignant car cela limite les inconvenances pour le professionnel. C'est un environnement qu'il connait.

D'autre part, afin d'écarter la frénésie de la journée ou des préparations, il faudra éviter à ce que ces entretiens aient lieu en pleine journée ou une veille de journée de classe.

Par ailleurs, j'utiliserai un dictaphone pour garder une trace de l'entretien. Il s'agit de pouvoir focaliser mon attention sur l'échange. Le traitement des données n'en sera que plus riche. Bien que la vidéo soit pertinente pour relever des indices de communication non-verbaux, le discours me semble l'essentiel. De plus, la vidéo peut favoriser la retenue de l'interlocuteur et faire obstacle au contenu du discours.

## 3. Exploitation

Une fois ces entretiens effectués et retranscrits, il s'agira alors de les mettre en parallèles et d'analyser leur contenu au regard de notre hypothèse et de la démarche réflexive qui la soutient.

## II°/ **Données recueillies**

La richesse de l'analyse est intimement liée au nombre d'entretiens effectués et leur diversité. L'exposé des données permet de rendre compte de cette richesse. Cette partie se compose ainsi d'un résumé de chaque entretien d'une part et de leur mise en relation d'autre part.

Suite à cet aperçu des données, nous pourrons les analyser au regard des éléments théoriques dans la troisième phase de ma démarche : lors de la discussion.

### A) *Les différents entretiens*

#### 1. Premier entretien

Cet entretien a été effectué avec un professeur des écoles d'une classe de CM2. Depuis 15 ans, il a toujours enseigné dans les mêmes conditions : cycle 3 (CM2 plus particulièrement) dans des écoles de la couronne périurbaine du Mans. C'est un public qu'il considère comme « hétérogène ».

Sa posture repose sur une distinction nette entre l'élève « agité » et l'élève « agitateur » (assimilable à perturbateur). Bien qu'il admette que ce soit difficile de faire la différence entre les deux en classe, il a relevé l'EPS comme indice pertinent pour trancher.

#### 2. Deuxième entretien

Il concerne une Professeure des Ecoles Maître Formatrice (PEMF). Ses 30 ans d'expériences ont été exclusivement centrés sur la fin du cycle 3 dans des écoles aux contextes socio-économiques difficiles (Zones d'Education Prioritaire, ZEP, ou en réseaux Ecoles, Collèges et Lycées pour l'Ambition, l'Innovation et la Réussite, réseaux ECLAIR)

Cet entretien a montré que malgré le contexte difficile, il n'est relevé qu'un à deux « élèves agités » par classe. L'enseignante a insisté sur sa posture et celle de l'élève comme sujet apprenant.

## B) *Les relations entre les différents entretiens*

Le recueil de données est pauvre en termes de quantité d'entretiens. Cela représente une réelle limite quant aux exigences d'une expérimentation. Cependant, nous tenterons de tirer sa richesse du point de vue qualitatif. En effet, les deux enseignants peuvent, dans une certaine mesure, être comparés sur différents plans.

Tous deux sont des enseignants de fin de cycle 3. Leur classe de prédilection, le CM2, est la classe où les enfants ont normalement le plus intégré leur métier d'élève.

Les deux enseignants pratiquent dans des milieux socio-économiques différents. Il sera donc intéressant d'analyser ce facteur au regard de la relation entre son implication dans le comportement des élèves et la posture de l'enseignant.

En termes d'expérience, ils sont tous deux restés dans un même contexte. Ils ont donc peu d'éléments de comparaison par rapport à d'autres facteurs (niveau de classe, contexte socio-économique, géographique,...). Toutefois, cela permet d'en puiser des données d'autant plus pertinentes qu'elles été forgées par le temps.

## III°/ **Bilan de l'expérimentation**

Nous avons fait l'hypothèse que la posture de l'enseignant détermine les prises en compte de l'agitation de ses élèves. L'usage de l'entretien semi-directif vise à mettre en évidence les représentations des personnes interrogées. Il semble donc être un outil judicieux pour mettre cette hypothèse à l'épreuve.

Deux entretiens ont été recueillis. Nous allons traiter ces données au regard des éléments théoriques de la première partie. Cette troisième phase, qui consiste à « examiner les données en faisant preuve d'esprit critique »[15], est une phase de discussion.

---

[15] Trésor de la Langue Française Informatisé : « Discussion »

# **DISCUSSION**

C'est lors d'un stage que l'expression « élève agité » est devenue le point de départ de cette réflexion. Nous avons ainsi clairement distingué l'agitation de l'enfant et son métier d'élève.

En analysant le point de vue de l'enseignant, nous en sommes venus à postuler l'hypothèse que c'est sa posture qui détermine les prises en compte de l'agitation de ses élèves. C'est lui qui ferait l'amalgame entre agitation et élève, entre agité et agitateur, au risque de stigmatiser l'élève.

Deux enseignants ont été interrogés à ce sujet. Le travail qui suit consiste à examiner leurs propos au regard des parties précédentes pour vérifier notre hypothèse. Plusieurs plans vont ainsi être traités.

Suite à une approche globale et synthétique des entretiens, nous étudierons leur définition de l'« élève agité ». Ensuite, nous ferons de même avec leurs formes de prise en compte puis leur constat vis-à-vis de l'EPS.

En vérifiant cette hypothèse et en exposant les données qui la soutiennent, ce mémoire constitue un enjeu sur le plan professionnel et personnel.

C'est dans cette phase de discussion que cette dimension prend sens et prendra place suite à l'analyse du recueil de données.

# I°/ Analyse du recueil de données

## A) Approche globale

Lors de notre phase d'expérimentation, nous avons exposé les origines des données en parallèle. Il est apparu des points communs en termes d'expérience et de niveau de classe. Les deux enseignants ont quasiment exclusivement travaillé avec des CM1 et/ou des CM2.

La différence marquante se situe dans les contextes socio-économiques. L'un a travaillé dans des zones péri-urbaines au public plutôt hétérogène tandis que l'autre a toujours travaillé dans des zones socio-économiques défavorisées.

Notre approche de l'enfant agité a montré qu'un contexte socio-économique difficile était un facteur d'apparition de l'agitation chez l'enfant. Par conséquent, il devrait transparaître une différence nette entre les deux entretiens.

Ainsi, en parlant des « élèves agités », le premier enseignant n'a « pas le sentiment d'en avoir » (entretien n°1) mais porte son discours sur un élève par classe. Nous verrons que ce « sentiment » est lié étroitement lié à sa posture. D'autre part, le discours de l'enseignante (entretien 2) évoque le fait que « ça peut être plusieurs » mais se centralise aussi sur un élève en particulier.

Il n'y a donc pas sensiblement plus d'« élève agité » dans un contexte socio-économique difficile malgré une plus forte proportion d'enfants susceptibles d'être agités. La posture de l'enseignant est donc pleinement mise en évidence dans la stigmatisation de l'agitation. L'« élève agité » est alors celui qui bouge le plus.

Les définitions des professionnels correspondent-elles à cette conclusion ?

## B) *Leur définition de l'« élève agité »*

### 1. Un élève qui bouge

Les deux enseignants sont univoques. C'est un élève qui « bouge », qui est « actif corporellement ». D'autre part, son comportement serait intimement lié à une activité cognitive. « Il pourrait être agité mentalement aussi » (entretien 1). « Cette gestuelle [va] perturber sa concentration, son attention », c'est « un contrôle du corps qu'il a encore beaucoup de mal à stabiliser » (entretien 2).

Ces éléments sont extraits de leur première réponse. Il apparait déjà une orientation significative qui se confirme par la suite. La manifestation de l'élève n'est pas là pour déranger le professeur. « Agité, ça veut pas dire agitateur » résume globalement les points de vue des deux enseignants.

### 2. Un élève qui a ses difficultés

D'après les deux enseignants, ces élèves se caractérisent par des difficultés qui leur sont propres ou tout du moins exacerbées par rapport à leurs camarades.

« Ces élèves les plus agités ont peut-être aussi des problèmes personnels. [Ils] manifestent peut être une impatience, peut être un mal être ». Il s'agirait alors de « prendre du recul » et essayer de « comprendre pourquoi il est comme ça » (entretien 1).

Les deux entretiens recueillis représentent donc une posture compréhensive, où l'enfant exprime des difficultés liées à un contexte intime. En somme, ils ont intuitivement intégré la définition de l'enfant agité (dont la gestuelle permet d'atténuer une angoisse propre).

Néanmoins, les deux enseignants se distinguent dans leur prise en compte de l'agitation. Leur rapport enfant agité et métier d'élève est sujet à des divergences.

## C) *Prise en compte de l'« élève agité »*

Une représentation de l'enseignant qui fixerait un enfant agité dans un statut de perturbateur aurait un impact sur sa prise en compte car c'est la gestion de la classe qui est en jeu. Elle peut être de l'ordre de la réaction ou incluse dans la préparation par exemple.

### 1. Premier entretien

Lors du premier entretien, l'enseignant estimait ne pas avoir rencontré d'« élève agité » dans sa carrière. Pourtant, il y a une procédure qu'il « aime bien faire, c'est parler avec eux ». Son objectif est de différer le conflit sur un temps hors classe afin de ne pas se « braquer », pour faire passer le « contact » et comprendre les tenants du comportement de l'élève.

En cas extrême, lorsqu'il n'aurait plus les outils pour comprendre, il sortirait l'élève (le mettre sous la responsabilité d'un autre adulte) pour ne pas rentrer dans un rapport de force, au bénéfice de l'enseignant, de l'élève et de la classe.

D'autre part, bien qu'il opte pour une posture compréhensive, il tient à ce que l'enfant conserve la même ligne de conduite par rapport aux autres. C'est savoir que les enfants sont différents mais qu'ils ont tous droits aux mêmes exigences.

Cet enseignant ne semble donc pas intégrer l'agitation d'un enfant dans son métier d'élève mais comme un paramètre variable. C'est pourquoi il semble être en mesure de s'exprimer à propos des enfants agités mais reste convaincu de ne pas avoir eu d'élèves agités.

### 2. Deuxième entretien

Le deuxième entretien est riche d'éléments vis-à-vis des « élèves agités ». Ça peut être la conséquence d'une plus grande expérience, de la formation de PEMF ou encore du contexte socio-économique des écoles. Du reste, c'est aussi significatif d'une attention particulière aux élèves plus agités que les autres : « Moi, je les appelle ces élèves agités, les baromètres de la séance ».

Après avoir synthétisé les différentes formes de prise en compte de l'élève dit « agité », nous les analyserons au regard de notre hypothèse.

### a) Ses modalités de prise en compte d'un « élève agité »

Les interventions de la professionnelle peuvent s'effectuer en différentes occasions et sous différentes formes.

Pour faire rentrer l'élève dans l'activité, elle propose de « se déplacer à côté de lui pour essayer de le remobiliser » mais aussi le calmer, « lui faire redire la consigne » et donner à la classe un temps de concentration, de préparation (« ils ont tous en tête des images de sportifs avant le match »).

Lorsque ces outils ne sont pas suffisants mais que le retour au calme est nécessaire, lui demander de se déplacer pendant la séance, aller chercher quelque chose par exemple serait un moyen de mettre le corps en jeu de façon plus pertinente. Au-delà, il faut « l'interpeller par rapport aux autres » « lui rappeler les exigences : « Là, tu n'as pas un comportement d'élève ».

L'expression serait aussi un outil judicieux « c'est le corps qui dit les choses alors que c'est peut être avec les mots qu'on poserait les choses ». Entendons par là qu'il parait pertinent de permettre à l'élève de dire par écrit ou oral ce qui ne va pas.

En cas extrême, l'enseignante tente de mettre l'élève à l'écart : lui proposer d'aller aux toilettes, de se « reconstruire » dans le couloir sous sa surveillance. D'autres collègues envoient leur élève dans une autre classe

Ces élèves invitent l'enseignante à réagir dans sa pratique, à prendre du recul. Il s'agit alors de réfléchir sur l'équilibre des modalités de travail (proportion d'oral, d'écrit par exemple), d'adapter sa préparation, de « Dispenser un certain calme » dans sa posture voire faire de la relaxation « pour apprendre à se connaître, se contrôler ».

Ainsi, derrière ce panel de pratiques elle défend une problématique de gestion de classe. Il y a d'ailleurs un « travail à faire par rapport aux autres élèves ». L'agitation se confond avec la perturbation car il faut « faire comprendre à cet élève qu'il faut absolument qu'il canalise cette énergie. » vis-à-vis de son métier d'élève, de la classe.

### *b) Ses prises en compte, reflet d'une posture enseignante*

Au regard du discours de cette enseignante, prendre en compte l'agitation d'un enfant est essentiel pour assurer une gestion de classe profitable aux apprentissages. Elle évoque notamment l'effet « boule de neige ». Nous pourrions donc résumer sa représentation du métier d'élève comme l'être attentif et obéissant au maître. Or sa posture est plus complexe.

En effet, si tel avait été le cas, elle n'aurait pas insisté sur le comportement mais sur la personne pour désigner la perturbation. D'après ses propos, l'enfant peut être agité. Mais à l'école, il devient apprenant et écolier. Cela signifie qu'il apprend à se contrôler, se connaître pour lui mais aussi pour la classe. Ce qui est perturbé est avant tout la classe, pas l'enseignant.

Cette posture a l'avantage de ne pas mettre l'enfant en cause. Elle organise des procédures passives pour différer l'agitation sans que l'élève s'en aperçoive forcément. La pratique enseignante est réfléchie mais le comportement au regard du reste de la classe reste porteur d'exigence. Par conséquent, l'enfant peut rentrer dans son métier d'élève et travailler sur soi.

Néanmoins, il semblerait que l'enseignante focalise son attention sur l'enfant qu'elle caractérise comme « agité ». Il en devient le « baromètre » de la classe. Au regard des travaux de Rosenthal et Jacobson (1971) sur l'effet Pygmalion, nous pouvons émettre des réserves sur cet investissement qui peut devenir contre-productif. En effet, bien que les intentions soient bonnes, les travaux des chercheurs ont montré que l'enfant conserverait son comportement puisque l'on s'attend à ce qu'il s'agite.

### 3. Prises en compte de l'agitation par les enseignants : Bilan

Les prises en compte des deux enseignants sont différentes. Leurs postures vis-à-vis du métier d'élève sont donc différentes. L'enjeu de leur procédure repose sur une homogénéisation des comportements des élèves pour favoriser la gestion de la classe.

Pour cela, l'une des postures vise à différer un dialogue mais tenir une ligne de conduite commune tandis que l'autre vise à prévenir ou apaiser les débordements en portant un regard attentif vers un élève en apprentissage de lui-même.

Quels constats font-ils lorsque les conditions de classe diffèrent comme en EPS ?

## D) *Leurs constats spécifiques à l'EPS*

S'intéresser aux observations des professionnels en EPS, c'est s'intéresser au regard qu'ils portent à l'élève qu'ils jugent agité en classe (un environnement peut propice au mouvement) dans une discipline qui s'appuie sur la mobilisation du corps.

C'est ce regard qui est porteur de représentations et que nous allons analyser au travers des entretiens.

### 1. Premier entretien

Le professeur fait une distinction nette entre agité et agitateur. Le premier rentrerait dans l'activité alors que le second continuerait de vouloir se faire remarquer. Cela renvoie directement au principe que nous avons mis en évidence avant de formuler notre hypothèse. L'agitation de l'élève perturbe en situation de classe mais s'efface lorsque cette classe est en mouvement.

La posture de l'enseignant consiste donc à distinguer ce qui relève du comportement de l'enfant et de l'élève. Il peut donc avoir des élèves perturbateurs (qui poursuivent leur manifestation en EPS) mais pas d'élève agité à proprement parlé.

Par ailleurs, son constat peut être intiment lié à ses représentations de la discipline. En effet, il considère que « le sport va lui permettre de se défouler ». Pour l'élève agité au moins, la discipline change de priorité. Ainsi, dans l'appellation comme dans les finalités, nous pouvons constater que L'EPS perd sa dimension scolaire. Cela vient alimenter l'analyse de la posture de l'enseignant.

### 2. Deuxième entretien

Nous avons précédemment mis en évidence que cette enseignante portait une grande attention aux élèves qu'elle caractérise comme agité. Il en est de même en EPS.

« A partir du moment où tous les autres ont bien intégré les règles, il n'y a pas de problème ». Cette remarque signifierait que l'élève serait incapable d'être moteur dans l'activité, qu'il ne peut s'y investir sans le reste de la classe. D'autre part, elle utilise les temps de bilan, de mises en commun pour évaluer la réussite de l'élève à l'entrée dans l'activité. Nous avons déjà démontré que ce regard insistant pouvait s'avérer stigmatisant.

Par ailleurs, nous pouvons à nouveau constater que son discours est dépendant de sa représentation de l'EPS. En effet, non plus un exutoire, l'EPS peut être un outil pour apprendre à se connaître mais c'est aussi une discipline scolaire porteuse de compétences. L'enseignante fait ainsi remarquer que, « en EPS comme en classe, les tensions doivent être évacuées car il s'agit de contrôler son corps ».

Donc, malgré l'utilisation du corps, sa représentation de l'EPS laisse peu de place à l'agitation. C'est pourquoi elle reste attentive au comportement de son « baromètre ». En référence à l'effet Pygmalion, les dissonances que cet élève peut créer seront inconsciemment régulées afin qu'il reste le « baromètre ».

### 3. Les constats en EPS : Bilan

S'intéresser à la posture de l'enseignant au regard de l'EPS est porteur d'élément. Il apparait à nouveau une distinction entre les deux professionnels. En distinguant agité d'agitateur, le premier ne focalise pas son regard sur l'enfant agité puisque celui-ci rentre dans l'activité. Pour l'enseignante (entretien n°2), l'« élève agité » reste le « baromètre » de la classe. Sa posture, bien qu'attentive aux apprentissages, prend le risque d'une stigmatisation de l'agitation.

Cependant, nous avons constaté qu'analyser les remarques vis-à-vis de l'EPS n'était pas sans obstacle. En effet, elles étaient intimement dépendantes de leur représentation de la discipline. Par conséquent, ce n'est pas seulement leur représentation de l'agitation dans le métier d'élève qui a été mesurée mais aussi leur rapport à la didactique de l'EPS. Ce paramètre vient enrichir notre analyse de leur posture enseignante et permet d'approfondir leurs remarques.

## E) *Synthèse de l'analyse des données*

Cette discussion avait pour objectif d'examiner les données des entretiens au regard de notre hypothèse et de la réflexion qui la soutient. La posture de l'enseignant déterminerait les prises en compte de l'agitation de ses élèves.

Malgré la maigre quantité d'entretiens, l'analyse des discours nous a permis d'identifier deux postures d'autant plus finement que les profils des professionnels interrogés se confondaient en terme de niveau de classe notamment.

L'analyse globale a montré que l'élève agité est surtout celui qui bouge le plus. Cependant cette agitation n'est pas là pour déranger le professeur. Ils avaient tous deux un approche compréhensive du sujet.

Ensuite, bien que leurs prises en compte de l'agitation reposent pour chacun sur une logique de gestion du groupe, leur posture enseignante ne provoque pas les mêmes conséquences.

L'un des enseignants exclue l'agitation du métier d'élève mais tient l'exigence d'une ligne de conduite. En EPS, mais aussi en classe, il n'y a pas d'« élève agité » mais, soit des enfants qui bougent soit des agitateurs.

Le deuxième enseignant porte au contraire une attention particulière à ces élèves qui ont besoin d'apprendre à se contrôler. Ils sont capables d'apprendre, mais restent sous le regard de l'enseignant prêt à intervenir de façon passive ou active pour détourner l'agitation. A long terme, cette forte attention peut amener à une stigmatisation contre-productive (liée à l'effet Pygmalion).

Nous pouvons donc constater qu'il y a bien une relation entre la posture de l'enseignant et les prises en comptes de l'agitation de ses élèves.

La discussion vise à vérifier l'hypothèse de travail mais elle doit aussi rendre compte des intérêts que ce mémoire porte ainsi que de ses limites.

## II°/ <u>Les enjeux et les limites de ce mémoire</u>

Le point de départ de ce mémoire est la relation entre une observation de stage et une dimension personnelle, la relation entre une expression et une réalité, entre « élève agité » et enfant agité.

Parce que la confusion est rapide et renvoie à une représentation originelle du métier d'élève, la démarche scientifique que j'ai entreprise vise à mieux distinguer la particularité de ces enfants qui ont besoin de bouger.

D'autre part, nous avons vu qu'en proposant un environnement serein, sécurisant et porteur de règles, les stratégies d'atténuation d'angoisse n'avaient plus lieu d'être. Il est donc essentiel de ne pas focaliser son attention sur un modèle de soumission à la norme mais de permettre à chaque enfant de rentrer dans le métier d'élève tant apprenant qu'écolier.

L'enjeu de ce mémoire est donc de favoriser les apprentissages pour tous les élèves en proposant à l'enseignant ou futur enseignant de réfléchir sur sa représentation du métier d'élève car elle déterminera sa prise en compte de l'agitation de ses élèves.

Ma démarche n'est pas sans limites. En effet, nous avons tout d'abord vu que définir l'agitation chez un enfant est complexe et variable. Tenter de l'analyser sur le terrain, chez un élève, peut être sujet à de mauvaises interprétations.

D'autre part, il aurait fallu avoir une quantité de données plus importante pour proposer une analyse suffisamment fine. L'usage de l'entretien semi-directif est d'ailleurs lui-même porteur de biais car les remarques des personnes interrogées rendent difficilement compte de la complexité des situations vécues.

# **CONCLUSION**

« Elève agité ». L'expression renvoie à un vécu de stage. L'enjeu de la réflexion est de transformer ce vécu en expérience.

Une réflexion a donc été portée autour de l'agitation. Elle a abouti à une définition de l'enfant agité. La problématique s'est ensuite portée sur le métier d'élève. Or, il est finalement apparu que le profil de l'« élève agité » est le fruit d'une représentation originelle qui oriente la régulation des dissonances cognitives de l'enseignant crées par le comportement de l'enfant agité.

Nous en sommes venus à postuler l'hypothèse que la posture de l'enseignant détermine les prises en compte de l'agitation de ses élèves.

Afin de vérifier cette proposition, notre expérimentation s'est portée sur des entretiens semi-directifs afin de mettre en évidence les représentations de ces enseignants. Le recueil de données est composé de deux entretiens.

Lors d'une phase de discussion, nous avons examiné le discours des deux professionnel au regard de l'approche théorique qui soutient notre hypothèse. Leurs postures diffèrent, ils ne prennent pas en compte l'agitation de leurs élèves de la même manière en conséquence.

Notre hypothèse est donc vérifiée. L'agité n'est pas forcément agitateur. Se focaliser sur sa personne ou même son comportement est porteur de stigmatisation ne favorisant pas l'atténuation de ses angoisses. L'« élève agité » est une construction sociale alors que l'enfant agité est une réalité pouvant être temporaire.

Ce mémoire porte un intérêt professionnel pour prendre en compte les enfants agités en classe. Il concerne une réalité visible. Il serait intéressant d'étudier le cas d'enfants en mal être mais dont leur comportement est synonyme d'enfermement sur eux même. En effet leur mise à l'écart pourrait faire obstacle aux apprentissages.

# **BIBLIOGRAPHIE**

> Anatrella T., *Interminables adolescences. Les 12-30 ans*, Paris, Cerf, Cujas, 1991

> Auger, M.-T., Boucherlat, C., *Elèves "difficiles", profs en difficulté*, Chronique Sociale, Lyon, 1995, p. 15-16

> Auger, M.-T., Boucherlat, C., *L'élève, pourquoi?*, Chronique Sociale, Lyon, 1995, p. 19-20

> Berger, M., *L'enfant instable*, Paris, Dunod, 1999

> Bulletin Officiel n°3 du 19 Juin 2008, Hors-Série, Ministère de l'Education Nationale

> Combessie, JC, La méthode en sociologie, Coll. Repères, La Découvertes, 2007, p.24

> Duval Heraudet, J., « Etre écolier pour être élève - tiers symbolique, tiers social, tiers culturel - quel « substrat » pour être élève ? », *Formation continue des rééducateurs du Vaucluse, le rééducateur et les enjeux de la prévention*, IUFM Avignon, 2002

> Festinger, L., Riecken, H.W. et Schachter, S., « When Prophecy Fails: A Social and Psychological Study of A Modern Group that Predicted the Destruction of the World », *Harper-Torchbooks*, Janvier 1956, Version française : *L'Échec d'une prophétie*, PUF, 1993

> Malarive, J., Bourgois, M., 1976, "L'enfant hyperkinétique. Aspects psychopathologiques", *Annales médico-psychologiques*, n°1, 1976, p. 107-119

> Meirieu, P., *Jean-Gaspard Itard, Tous les enfants peuvent-ils être éduqués ?*, Collection « L'éducation en question », PEMF, 2001

> Mollo, S., « Importance et signification du modèle d'écolier », *Enfance*, Tome 16 n°4-5, 1963, p. 333 à 343

> Rosenthal, R., Jacobson, L., *Pygmalion à l'école*, Paris, Casterman (trad. : 1971)

> Trésor de la Langue Française Informatisé : http://atilf.atilf.fr/. C'est le dictionnaire publié par le Conseil National de la Recherche scientifique (CNRS) par le laboratoire pour l'Analyse et le Traitement Informatique de la Langue Française (ATILF)

> Voyazopoulos, R. « Enfant instable, enfant agité, enfant excité », *Enfance & Psy*, n°14, 2001/2002, p. 26 à 34

# **ANNEXES**

I°/ **Support pour l'entretien semi directif**

II°/ **Premier entretien**

III°/ **Deuxième entretien**

# I°/ Support de l'entretien semi-directif

Bonjour, je suis Benoît Planchenault, étudiant en deuxième année à l'IUFM. Notre rencontre concerne mon mémoire de recherche. Cet entretien est donc complètement confidentiel et anonyme. Les données que j'en tirerai n'auront pour fin que de servir à mes recherches.

Je vous explique rapidement mon travail et je vous exposerai ensuite mes interrogations. Est-ce que cela vous convient-il? Peut-on commencer?

Au cours de mes stages, j'ai rencontré des élèves que leur enseignant appelait agités. J'ai parcouru quelques ouvrages pour essayer de définir ce public et essayer de d'analyser la posture de l'enseignant. Néanmoins je manque d'éléments concrets pour comprendre le professionnel, la réalité du terrain. Par ailleurs, je profiterai de cet entretien pour retenir des pratiques de terrain.

Si cela ne pose pas de problème, je vais commencer par vous demander de vous présenter, ainsi que le contexte dans lequel vous travaillez.

*Talon sociologique :*
> *Niveau de classe :*
> *Nombre d'élèves :*
> *Ancienneté et expériences du professionnel :*
> *Contexte socio-économique de l'école :*

**1. J'ai évoqué mon objet de recherche : les élèves agités. Comment caractériseriez-vous un élève agité?**

**2. Ces élèves influencent la pratique de classe. Comment?**

**3. J'aimerai que vous me parliez des séances d'EPS. Son comportement y est-il différent?**

**4. Ouverture**

Si vous voulez de plus amples informations sur mon travail, vous pouvez me joindre par mail à l'adresse suivante : benoitplancheno@gmail.com.

## II°/ __Premier entretien__

*Talon sociologique :*

> Niveau de classe : CM2
> Nombre d'élèves : 27
> Ancienneté et expériences du professionnel : 15 ans
> Contexte socio-économique de l'école : Couronne périurbaine plutôt rurale. « Public varié »

*Légende :*

> P : Professionnel, C : chercheur

**1. J'ai évoqué mon objet de recherche : les élèves agités. Comment caractériseriez-vous un élève agité?**

P : ...Je n'ai pas le sentiment d'en avoir, déjà.

C : Cette année ou ... ?

P : Cette année... et en général.

Je pense qu'ils bougent physiquement pas mal déjà. Agité c'est physique hein... Et puis... C'est un élève qui se fait remarquer... Agité... Il pourrait être agité mentalement aussi, je pense...

C : Oui. Alors, comment on le repère ?

P : Hum... Surtout parce qu'il parle beaucoup. Il bouge, au niveau du comportement. Oui, je crois que ça va avec l'attitude physique.

Agité, ça veut pas dire agitateur.

C : Oui, c'est intéressant. Donc vous faîtes la différence entre agité et perturbateur.

**2. Ces élèves influencent la pratique de classe. Comment?**

P : Je pense que ça influence parce que tu... Si c'est vraiment quelqu'un qui demande beaucoup de temps et d'attention...Forcément... Tu perds du temps et de la concentration pour les autres, et de l'énergie. De cette manière, ça perturbe ton travail, je pense.

S'il demande énormément de... c'est le cas en général, surtout avec ces enfants-là, c'est qu'ils ont besoin qu'on soit là. Après euh... dans la préparation du travail, je pense que ça ne change rien au reste de la classe.

C : Et donc dans cette gestion de classe... Je suis stagiaire, je ne suis pas encore dans le métier, comment est-ce que concrètement tu ferais ? Avec un élève comme ça, est-ce que tu le prends en compte ? Comment ?

P : Mais il faut le prendre en compte je pense... Parce que s'il est agité ou agitateur, ça perturbe le travail de la classe. Ça peut aussi être les deux. Moi, ce que j'aime bien faire, c'est parler en particulier avec eux. Parce s'énerver en classe, ça va. Mais il y a un moment, il faut aussi prendre un peu de recul. Et puis essayer de comprendre pourquoi il est comme ça. Pourquoi... Pour ça il faut aussi avoir plus de paramètres. Par rapport à ce qu'il vit, savoir un peu de son histoire, des choses comme ça.

C : Pour mieux le comprendre.

P : Après, ça veut pas dire qu'on trouve des solutions... Mais au moins ça permet d'avoir des paramètres. Je sais pas, ça peut être qu'il s'endort très tard, qu'il regarde la TV, ou... A la maison, il peut rester enfermé. C'est aussi du cas par cas ! Fatigué aussi. Ou il a besoin de se montrer aux autres...

Souvent, c'est voilà, ils veulent se faire remarquer. Il faut se demander pourquoi ils veulent se faire remarquer. Et après, il y a aussi le contact je pense. Comment, quel contact avec cet enfant-là ? Si ça passe ou pas. Si ça passe pas, ça va être beaucoup plus difficile.

C : C'est déjà une posture de se dire que l'élève agité n'est pas forcément agitateur.

P : Après, si tu te braques et que tu n'essayes pas de comprendre pourquoi. On n'arrive à rien.

Ce que je rajouterai, c'est qu'il faut toujours garder la même ligne par rapport aux autres. Je pense. Ne pas lui faire de cadeau. Même des fois on en fait car on supporte plus ces enfants mais il faut quand même... Tous les jours, il faut que toi tu ais la même ligne. Les règles elles sont comme ça et ce que j'ai dit hier, je le dit aujourd'hui. Ça c'est dur. Au jour le jour, quand tu as un enfant vraiment chiant, et bien il faut le tenir quoi.

Après, ce sont des paroles. Je ne le vis pas, donc heu... Je n'aurai peut-être pas le même discours avec d'autres élèves.

C : D'accord, c'est intéressant. J'aurai une autre question.

## 3. J'aimerai que vous me parliez des séances d'EPS. Son comportement y est-il différent?

P : Bah, après, il y en a qui profitent de l'EPS justement pour être à fond et en EPS et qui ... Ça se passe bien. Après si... Il veut se faire remarquer à la classe, il voudra aussi se faire remarquer en EPS. Après s'il faut, on le sort du groupe... Après c'est pas en EPS forcément que tu as le temps de discuter... Ils sont à droite à gauche...

C : Donc il y aurait l'élève agité qui se mettrait dans l'EPS...

P : S'il est agité, et pas perturbateur, c'est différent hein ! S'il agité parce qu'il arrive pas à tenir en place, le sport ça lui permettre de se défouler. Mais si c'est agitateur, il va chercher les autres comme il le fera en classe. Donc là il faut toujours tenir sa ligne. (Sourire).

## 4. Ouverture

C : Je vous remercie pour le temps que vous m'avez accordé. Avez-vous des questions? Des éléments à m'apporter, en tant que stagiaires ou dans ma recherche. Des éléments que nous n'aurions pas évoqués mais qui vous paraissent pertinents.

P : Je n'ai pas la solution, c'est souvent au jour le jour. Je pense que quand on commence, il ne faut pas hésiter à le sortir de la classe. Tu n'as pas forcément le recul et l'expérience pour comprendre pourquoi il est comme ça, voir ce qu'il cherche. Au fond on ne sait pas.

C : Oui, et tu proposais de le reprendre après, de discuter.

P : Oui, voilà. Après il faut... Le biais le meilleur je pense, c'est que le contact passe. Parce que si ça passe pas... On braque. C'est ce qui se passe avec Jules[16], quoi. Il a ses têtes et puis, c'est dur je pense quand il fait ses conneries.

C : Alors on l'envoie...

P : Bah ouai ouai. Tu te préserves toi ! Parce que tu peux vite t'énerver. Et puis tu préserves aussi la classe. C'est pas une solution mais... Au début, c'est pas évident. Et puis en plus tu focalises sur ces enfants-là.

C : Oui, c'est eux qui bougent, donc c'est eux qu'on voit. D'accord. Je pense que j'ai terminé. J'ai eu des éléments très intéressants.

Si vous voulez de plus amples informations sur mon travail, vous pouvez me joindre par mail à l'adresse suivante : benoitplancheno@gmail.com.

---

[16] Prénom d'emprunt pour désigner un élève d'une autre classe.

# III°/ <u>Deuxième entretien</u>

### *Talon sociologique :*
> Niveau de classe : CM2 principalement
> Nombre d'élèves : De 20 à 28
> Ancienneté et expériences du professionnel : 30 ans, PEIMF
> Contexte socio-économique de l'école : ZEP

### *Légende :*
> P : Professionnel, C : chercheur

**1. J'ai évoqué mon objet de recherche : les élèves agités. Comment caractériseriez-vous un élève agité?**

P : Alors moi, ce que je dirai tout de suite, élève agité, c'est... Les indices, ce sont ceux qu'ils manifestent, je dirai corporellement. C'est-à-dire que, un élève qui, je vais parler pour les CM1 CM2, qui n'arrive pas encore à contrôler son propre corps en tant qu'élève, c'est-à-dire qu'il ne va pas rester assis, il va bouger, dans tous les sens.

Donc le premier indice je dirai, c'est vraiment toute cette gestuelle, corporelle, qui va justement perturber sa concentration, son attention... et qui va empêcher cet élève à mobiliser cette capacité intellectuelle parce qu'il va se disperser dans... Voilà... Je dis bien un contrôle du corps qu'il a encore beaucoup de mal a stabiliser.

**2. Ces élèves influencent la pratique de classe. Comment?**

Alors évidemment un élève qui déjà... sa faculté d'attention va être assez réduite et c'est son corps qui va prendre sur lui. Donc nous les stratégies, c'est peut-être, déjà se déplacer à coté de cet élève pour essayer de le remobiliser. Peut-être de lui faire redire la consigne, voir un petit peu dans quel avancement son travail se fait. Donc là ça vient directement de l'enseignant vers l'élève. Mais peut-être aussi c'est un moment donné lui signifier, de le rappeler. Je pense qu'il suffit par la voix aussi. L'interpeller par rapport aux autres. Peut-être à un moment donner ce sursaut, cette piqure de rappel.

Et puis de temps en temps, on va pouvoir lui demander de se déplacer. Parce que c'est ça un petit peu... Voilà... Même si ce n'était pas prévu dans la séance, peut-être, aller, le voilà, le faire venir au tableau même aller je ne sais, je donne un exemple : « Antoine[17], viens nous lire ce que tu as écris ». Et peut-être, voilà... Le faire changer de position je dirai puisque en général, les élèves sont toujours assis à leur place. Donc peut-être, cet élève qui manifeste sa déconcentration à un moment donné il a besoin de se lever. Donc moi je trouve ça aussi, le corps est en jeu donc à un moment donné, il faut que cet élève-là puisse changer de position : aller au tableau, chercher le dictionnaire. Il faut nous même être très réactif.

Peut-être aussi, cet élève lui permettre de changer de position, de se lever, de s'exprimer. Voilà. Mais en même temps, il faut peut-être aussi se dire : Ah bah tiens, peut-être dans ma séance-là, j'ai passé trop de temps à l'oral ou... dans ma séance là, je suis un peu trop dans l'écrit. Est-ce que tout de suite, en tant qu'enseignant, je peux être aussi réactif en disant, bon là d'accord ils sont en train d'écrire, je vais relancer, redonner... « Est-ce que tout le monde a réussi à faire l'exercice n°1 » Voilà. Et là peut être qu'on va passer à une mise... en commun ou voilà...

Donc il y a les deux je dirai. Permettre à l'élève de souffler un peu, voilà... Et en même temps nous... Moi je les appelle ces élèves agités, les baromètres un petit peu, de la séance. C'est-à-dire que on sent peut être que là, il faut qu'on change notre façon de dérouler. Voilà. Et je dirai aussi, ces élèves agité manifestent peut être une impatience, peut être un mal être, une incompréhension. C'est peut être aussi à nous de réagir je pense.

Et puis, et puis, quand ça va vraiment dans les extrêmes, si on a essayé, on va dire, avec plus ou moins de réussite, à un moment donné, si cet élève-là, je pense en particulier à un élève que j'ai cette année, il n'arrive pas encore avec toutes ces petites façons de faire, je crois qu'à un moment donné il faut lui permettre d'aller dehors. Sans l'exclure mais en lui disant « Bon écoute, là, je pense que tu as besoin

---

[17] Prénom d'emprunt

d'aller aux toilettes, ou d'aller voilà, à l'extérieur. Et puis, et puis, peut-être qu'il faut effectivement prévoir... Moi, je sais que j'ai une petite marche là... Juste derrière la porte. A un moment donné là je pense que tu n'en peux plus. On peut lui dire. Je lui ouvre la porte. Tu te mets là, tu te reconstruis, et dès que tu te sens prêt,... Evidemment, on le surveille. Ce ne doit pas être une pratique, mais à petit dose, ça peut être bien quoi. C'est ça qu'il leur faut... Un petit moment. Si on peut ne pas en venir là, pare que... ça veut dire qu'on l'exclu du groupe, et ça c'est un petit peu gênant. Surtout que normalement on ne doit pas... Il faut toujours surveiller cet élève

Mais en même temps... si on peut essayer de le gérer en classe je crois que c'est ça qu'il faut. Mais il y a des moments où ce n'est plus supportable car les autres vont finir par manifester leur désarroi par rapport à ça. Parce que ça fait très vite boule de neige comme on dit. Je réponds je réponds je réponds. Donc il y a tout un travail à faire aussi par rapport aux autres élèves. L'élève agité, comment on va faire en sorte pour que le groupe ne réponde pas à l'agitation de cet élève. Donc il y a tout un travail aussi à faire par rapport autres élèves. Je pense que quand ils arrivent comme ça, CM1 CM2, la plus part d'entre eux savent comment leurs camarades réagissent. C'est-à-dire qu'ils sont là depuis le CP. Même si chez nous, il y a beaucoup de déménagements, d'élèves nouveaux qui arrivent, voilà. En même temps, il y a quand même un noyau d'élèves qui ont fait leur CP ensemble jusqu'à... Bon je parle évidement de cycle 3 car c'est mon expérience. Et donc ils savent qu'à un moment donné : voilà, Jules[18], là, il n'en peut plus donc nous, on va faire en sorte de ne pas rentrer dans son jeu aussi.

Donc, on a tout ça à... Donc quelque fois je dirai, on est patient, on est nous aussi, on doit dispenser un certain calme. En même temps, on est ... Je crois que c'est ça aussi : on a des postures. Il faut qu'on garde notre calme, et qu'on fasse évacuer cette tension. Parce que peut être qu'il y a... voilà quoi... Et peut-être que des fois, on n'est pas aussi calme que ça parce que... c'est toute la journée qui s'est passée.

---

[18] Prénom d'emprunt

On pourrait se dire, mais peut être aussi encourager cet élève quand, euh.... On va lui dire peut-être on va donner « regarde là je te laisse au moins... Tu as vu là, tu as tenu tout le début de la journée ». C'est encourageant. Lui faire comprendre aussi qu'il faut absolument qu'il canalise son énergie, et que voilà, il est capable de. Et qu'il a encore besoin... De prendre sur lui. Et puis que les autres ne doivent pas rentrer dans son jeu car lui-même est capable de se responsabiliser aussi quoi.

C : D'accord. Donc revenir un peu sur la posture de l'enseignant... Quelle attitude justement... Parce qu'on peut avoir...

P : Je pense que... dans notre profession, on a beaucoup... à dispenser du calme, de la sérénité, manifester de la confiance, être présent à ce qu'on fait, à ce qu'on dit. ... Quand je parlais d'authenticité, c'est-à-dire que voilà, je suis face aux élèves. Je crois au discours que je leur fait passer, que je leur transmets. Mais peut être aussi leur laisser cette possibilité de s'exprimer. Dire ce qui ne va pas, à un moment donné... Et puis peut-être qu'effectivement, rappeler des exigences ! C'est-à-dire, c'est ce que je dis toujours : « là, tu n'as pas un comportement d'élève. » Et donc c'est ça qui est un peu le garant de ce qu'on peut avoir comme climat dans la classe. Je pense que, quand je dis le « je », c'est qu'on s'implique. « Je pense que tu ne peux pas, là, à un moment donné, te permettre de faire cela parce, regarde, tu vois tes camarades. Ils sont tous rentrés dans l'activité. Et toi tu n'y es pas encore. Donc comment toi tu vas pouvoir le faire quoi ». Donc il y a des moments je dirai personnalisé avec l'élève mais en même temps des moments aussi très stricts par rapport à tout le groupe quoi. Hein, il faut passer d'une personnalisation par rapport à cet élève mais en même temps, il ne faut pas oublier le groupe qui est à côté. Il faut le faire fonctionner. Voilà, c'est tout un travail comme ça.

Et puis, Bon... Je crois qu'il faut être honnête aussi. Certain collègues... Bon, s'épuisent parce que là, j'évoque le cas d'un, mais ça peut être plusieurs. Dans une classe, il peut y en avoir plusieurs élèves, avec des comportements comme cela. A un moment donné, moi je vois, j'ai une collègue qui me dit : « Bah voilà, moi j'en peux plus à tel moment de la journée. Je le confis, je confis cet élève dans une autre classe ». Je pense qu'il faut aussi se préserver. Parce... voilà, alors on pourrait dire

« Bah oui, mais c'est une forme d'exclusion ». Mais je pense qu'il faut se dire aussi que cet élève-là n'a pas encore bien... Il n'arrive pas à se connaître lui-même, il n'arrive pas non plus à avoir son seuil de tolérance, son propre seuil de tolérance je crois. Moi je crois beaucoup, je crois beaucoup dans cette gestion mentale d'une part, mais aussi cette gestion du corps. Donc on peut jouer sur... En EPS par exemple hein. Ils ont tous en tête des images de sportifs avant le match donc on joue là-dessus sur la concentration quoi. Pour toute activité, même une activité manuelle, un professionnel aussi... Il ne faut pas oublié que toute activité manuelle nécessite une intellectualisation mais en même temps des phases où on doit poser les choses. Donc je crois qu'il y a, oui, des références à faire, des images à leur proposer.

C'est pour ça que toutes les activités, qui nécessitent un engagement corporel comme l'EPS, mais je vois par exemple des activités, bah voilà de ce domaine : Danse, nous on vient de faire des séances de cirque... Là, je pense qu'il y a un enjeu derrière. Je pense qu'il faut aussi travailler plus sur la connaissance de soi. ...

Alors évidemment, on pourrait se dire que ces élèves les plus agités ont peut être aussi des problèmes personnels qui relèvent d'une aide spécifique. Mais en même temps si ces aides leur sont proposées, ils sont avant tout élèves dans la classe. Donc il faut absolument que les aides soient bénéfiques. Que l'on voit nous aussi ce que ça peut apporter à l'enfant.

Mais je pense qu'il y a effectivement plein de petites astuces... Je crois beaucoup à la présence parce que quelques fois, ils demandent une présence. Peut-être le simple fait de se déplacer à côté, ça rassure, ça calme. Voilà quoi.

**3. Vous aviez parlez d'EPS. J'aimerai que vous me parliez de ces séances en dehors de la classe. Son comportement y est-il différent?**

Alors, tout ce qui relève, par exemple, là je vais évoquer la danse, le cirque où même là on est en train de faire des jeux de rôles avec un projet avec des étudiants... Il y a une phase de relaxation. C'est-à-dire que, la transition entre une activité... de la classe dite... je dirai « maths français », et le fait d'être dans une situation d'EPS, il y a un moment donné où il y a une... comment dire, un moment de relaxation ou d'intériorisation des règles. Et ces élèves ont encore beaucoup, beaucoup de mal, beaucoup de mal. Au niveau de, je vais poser mon corps, voilà. Donc je pense qu'il faut aussi leur montrer que… là il faudrait presque minuter. « Dans cette séance de relaxation, tu as pu te contrôler, ne pas bouger ton corps pendant les 3-4 minutes. La prochaine fois, on va essayer… que tu ne bouges pas, il faut que tu améliores ce temps de repos ». Voilà, je pense qu'il y a cette idée-là, comme en classe hein, de leur montrer que le corps doit être contrôlé, leur agitation doit être évacuée. Ces tensions, parce que finalement ce sont des tensions, doivent être évacuées.

Donc moi je crois aussi, je pense, à l'idée que d'apprendre à se connaître, à se connaître. A tel moment de… comment je réagis dans tel discipline, comment je réagis, voilà. Mais je pense que vraiment, vraiment, que les séances d'EPS peuvent apporter beaucoup, beaucoup, tout ce qui va voilà… Où, là je vais apprendre parce que, dans la tête des enfants, l'EPS, c'est aussi « je fais un peu n'importe quoi, n'importe comment ». Mais non. Non, Non. Je peux me défouler. Inciter aussi, souvent je leur dit, au moment de la récréation : là, il n'y a pas de règles, sauf avec mes camarades, du vivre ensemble… Mais si j'ai envie de courir, rien ne m'empêche de courir. Je ne vais pas être obligé de courir. Il faut que je profite de ces moments-là, il faut que j'apprenne à me connaître et là je sens que je suis très énervé. Donc il faut que j'arrive à faire… voilà. Comme nous… les enseignants, les adultes à un moment donné. On a ces pauses que sont les récréations… Voilà, je souffle.

Je crois aussi peut-être qu'il y a à mener des séances de relaxation. Pas forcément, je suis assis à ma place mais j'apprends à contrôler ma respiration. Je crois que moi je… c'est possible. Il y a tous ces moments- là. Vraiment, vraiment, on demande beaucoup aux élèves, intellectuellement. Donc forcément qu'à un moment donné, voilà. Et je crois que c'est ça, apprendre à se contrôler. Tout ça, tout est lié.

C : Alors, justement, en EPS, en dehors des périodes de relaxation, tous les élèves sont en mouvement. Est-ce que l'élève agité a une place particulière ?

P : Non. A partir du moment où les autres ont bien intégré les règles, il n'y a pas de problème. Il est dans l'activité, il va la faire jusqu'au bout. A nouveau, ce sera peut-être le passage de l'activité au moment du bilan par exemple. Ou s'il y a une mise ne commun, que là on va voir si ça a été bénéfique. S'il arrive à passer d'un état à un autre, s'il quitte très vite son état où il a fallu faire des efforts physiques cette fois-ci et il va repasser... Voilà, c'est comme ça qu'on peut montrer qu'il y a des moments de stabilisation de ses émotions.

Peut-être aussi le faire verbaliser. Parce qu'on parle du corps, mais je pense qu'il faut aussi apprendre à ses enfants à dire les choses. A ...

C : extérioriser.

P : Oui, oui. Oui. Et je pense que ce serait bien, parce qu'on n'a pas assez forcément le temps de lui dire « bah voilà, regarde, là tu t'agites. Est-ce que tu peux là, essayer de dire avec tes mots de dire pourquoi là à un moment donné tu t'agites ? » Et je pense que le fait de lui donner... Voilà. Mais il ne faut pas que ça dure quoi. Je pense que c'est ça aussi dont il a besoin. Parce que c'est le corps qui dit les choses alors que c'est peut être avec les mots qu'on poserait les choses.

C : Bien. Je vous remercie pour le temps que vous m'avez accordé. Avez-vous des questions? Des éléments à m'apporter, en tant que stagiaires ou dans ma recherche. Des éléments que nous n'aurions pas évoqués mais qui vous paraissent pertinents...

Si vous voulez de plus amples informations sur mon travail, vous pouvez me joindre par mail à l'adresse suivante : benoitplancheno@gmail.com.

Oui, je veux morebooks!

# I want morebooks!

Buy your books fast and straightforward online - at one of the world's fastest growing online book stores! Environmentally sound due to Print-on-Demand technologies.

Buy your books online at

## www.get-morebooks.com

Achetez vos livres en ligne, vite et bien, sur l'une des librairies en ligne les plus performantes au monde!
En protégeant nos ressources et notre environnement grâce à l'impression à la demande.

La librairie en ligne pour acheter plus vite

## www.morebooks.fr

OmniScriptum Marketing DEU GmbH
Heinrich-Böcking-Str. 6-8
D - 66121 Saarbrücken
Telefax: +49 681 93 81 567-9

info@omniscriptum.com
www.omniscriptum.com

www.ingramcontent.com/pod-product-compliance
Lightning Source LLC
Chambersburg PA
CBHW020703300426
44112CB00007B/497